초 등 국 어

한자가
어휘력
이 1단계 다

무엇을 배워요 ?

어떤 한자를 배우나요?

기초 한자(8~6급 수준)를 특별히 고안된 선별 기준에 따라 분류하였습니다.
급수 순서가 아닌 아이가 쉽게 받아들일 수 있는 순서로 배치하였습니다.

1. 획순이 적고 쉬운 한자
2. 초등학교 1~2학년군의 교과서 어휘에 많은 한자
3. 초등학교 1~2학년 학습자의 일상과 밀접한 한자

어떤 어휘를 배우나요?

아이가 집이나 학교에서 한 번쯤은 들어 봤을 만한 단어로 시작합니다.
학습 어휘로 적절하여 단어의 어근만 제시된 경우도 있습니다.
이미 알고 있는 단어 속에 한자가 숨어 있음을 알고,
모르고 있었다면 한자를 통해 그 의미를 짐작할 수 있도록 하였습니다.

1. 초등학교 1~2학년군의 교과서 어휘
2. 초등학교 1~2학년 학습자의 일상과 밀접한 어휘

교육과정 초등학교 1~2학년군 **성취기준** 연계!

모든 지문은 또래 친구의 생활문이며, 그 내용은 아이가 학교에서 배우는
♥ 초등학교 1~2학년군 성취기준과 연계하였습니다.
친숙한 주제의 글 속에서 아이는, 단어에 숨어 있는 한자의 의미를 떠올릴 수 있습니다.
아이가 낯선 단어를 만나도 포기하지 않고 유추할 수 있도록 하였습니다.

차근차근 따라가며 성취감을 얻도록 구성!

한자를 처음 시작하는 1~2단계 교재에서는 아이가 학습에 부담을 가지지 않도록,
한자의 모양과 훈(뜻), 음(소리)만을 제시하였습니다.
흥미를 이끄는 일러스트로 한자의 제자 원리도 알려 줍니다.
국립국어원 <표준국어대사전>과 <한국어기초사전>의 문장을 참고하였습니다.
아이가 주도하여 교재 안팎에서 스스로 학습하는 습관을 들일 수 있습니다.

이렇게 배워요 !

● 들어가기

낯선 한자를 보여 주기에 앞서
아이가 이미 알고 있는 단어들을 제시하였습니다.
큰 소리로 단어들을 따라 읽으며
같은 글자가 들어 있음을 느끼도록 합니다.

● 1. 같은 글자 찾기

제시된 단어들의 공통 글자를 쉽게 찾습니다.
그 글자에는 한자가 숨어 있으며
단어들에 공통된 의미가 있음을
아이가 자연스럽게 습득합니다.

● 2. 숨은 한자 알아보기

앞서 아이가 스스로 찾아낸 한자의 정보를 알려 줍니다.
이를 통해 새로 배우는 한자의 기본 개념을 학습합니다.
문장 단위인 각 단어의 뜻풀이를 통해서
한자가 가지고 있는 의미를 기억합니다.

● 3. 어휘력이 쑥쑥

여러 단어들이 하나의 맥락에서 긴 글을 이루고 있습니다.
그중 목표 한자가 숨어 있는 단어를 찾아냅니다.
긴 글에서 맞닥뜨리는 단어의 의미를
스스로 유추하는 힘을 기릅니다.

☆ 국어사전을 활용하세요! 아이가 국어사전과 가까워집니다.

＋ 홈페이지에서 활동지 부가자료를 다운로드 하세요.

차례

문학

가족

30일 / 공부 계획표

01	02	03	04	05
____월 ____일	____월 ____일	____월 ____일	____월 ____일	____월 ____일

			자연	
06	07	08	09	10
____월 ____일	____월 ____일	____월 ____일	____월 ____일	____월 ____일

11	12	13	14	15
____월 ____일	____월 ____일	____월 ____일	____월 ____일	____월 ____일

	문학			
16	17	18	19	20
____월 ____일	____월 ____일	____월 ____일	____월 ____일	____월 ____일

21	22	23	가족 24	25
____월 ____일	____월 ____일	____월 ____일	____월 ____일	____월 ____일

26	27	28	29	30
____월 ____일	____월 ____일	____월 ____일	____월 ____일	____월 ____일

★ 어떻게 공부할까요?

하나, 단순히 답만 체크하며 휙휙 넘어가지 말고, **모든 단어와 문장 하나하나를 꼼꼼히** 눈으로 읽으며 따라가세요.

둘, **재미있는 놀이처럼** 단어에 숨어 있는 한자의 의미를 짐작해요. 우리 책에서는 한자를 획순대로 쓰는 것에 연연하지 않아도 괜찮아요.

셋, **국어사전에서** 오늘 배운 한자가 들어 있는 단어를 찾아보세요. 내가 제일 좋아하게 될 단어를 발견할 수도 있답니다.

들어가며

한자는 중국에서 사용하고 있는 문자로, 우리나라에서도 사용하고 있어요.
우리나라에서는 한글로 읽지만 사실은 꽤 많은 어휘에 한자가 숨어 있답니다.

자음(ㄱ, ㄴ, ㄷ, …)과 모음(ㅏ, ㅑ, ㅓ, …)을 합쳐 하나의 글자를 만들어 내는 한글과 달리
한자는 하나의 글자가 각각 ① **모양**, ② **뜻**, ③ **소리**를 가지고 있어요.

모양	뜻	소리
人	사람	인

人

사람이 서 있는
모양이에요.

① 한자의 **모양**은 우리가 쓰는 한글과 참 다르게 생겼어요.
　 모양을 잘 들여다보면 그 글자가 만들어진 원리가 보여요.
② **뜻**은 그 한자가 무엇을 의미하는지 말하고,
③ **소리**는 그 한자를 어떻게 읽어야 하는지를 말해요.
　 그리고 뜻과 소리를 이어서 '사람 인' 하고 그 한자의 이름을 붙여요.

이 '사람 인'이라는 한자가 어떻게 어휘력이 될까요?
우리가 잘 알고 있는 '인형'이라는 단어에 바로 '사람 인'이 숨어 있어요.
인형은 '사람' 모양으로 만든 장난감이라는 뜻이에요.

강아지 모양의 인형도 있고, 펭귄 모양의 인형도 있지만
기본적으로 인형이라는 단어에는 '사람'이라는 뜻이 들어 있어요.
더 나아가 '인형'의 '형'에는 '모양'이라는 뜻의 한자가 숨어 있다는 사실까지 안다면,
'인형'이 처음 보는 단어라 하더라도 '사람 모양'이라는 의미를 생각해 낼 수 있겠지요?

<초등 국어 한자가 어휘력이다 1단계>에서는
이렇게 한자의 모양, 뜻, 소리를 통해서 어휘력을 쑥쑥 키울 수 있어요.
그럼 이제 시작해 볼까요?

학교생활

다음 글자를 보고,
떠오르는 단어를 자유롭게 말해 보세요.

1 다음 단어들을 큰 소리로 읽어 보세요.

생**일**

기념**일**

내**일**

일기

2 모든 단어에
똑같이 들어 있는 글자에 ⭕ 하세요.

3 모든 단어 속에
숨어 있는 공통 한자에 ⭕ 하세요.

생

생日

세상에 태어난 **날**

기념**일**

기념日

특별한 일을 기억하는 **날**

내**일**

내日

오늘의 바로 다음 **날**

일기

日기

날마다 겪은 일을 적은 글

공통 글자를 쓰세요.

(모양)　　　　　(뜻)　　　　　(소리)

日 | 날, 해 | 일

태양의 모양이에요.

4 한자의 이름을 따라 쓰세요.

날 일

날 일

5 단어에 '日(일)'이 숨어 있으면, 그 단어에는 '날'의 뜻이 들어 있어요.
다음 단어들을 **한글로** 쓴 다음, 옆의 뜻풀이를 읽고 '**日(일)'의 뜻**에 ◯ 하세요.

생日　　생일　→ 세상에 태어난 (날)

기념日　　　　→ 특별한 일을 기억하는 **날**

내日　　　　→ 오늘의 바로 다음 **날**

日기　　　　→ **날**마다 겪은 일을 적은 글

6 아래 글을 읽고 '日(날 일)'이 숨어 있는 단어를 찾아볼까요?
굵게 표시된 6개의 단어 중 '**날**'의 뜻이 있는 **4개의 단어**에 ◯ 하세요.

1년에 한 번씩 찾아오는 나의 **기념일**

오늘은 바로 나의 **생일**이다.

엄마가 **선물**로 예쁜 공책을 사 주셨다.

새 공책에 오늘부터 **일기**를 쓸 것이다.

내일부터 학교에 가는데, 재미있을 것 같다.

나의 하루를 모두 적어서 **기억**해야지!

♥ **교육과정 성취기준 1~2학년군** / 2국03-02
쓰기에 흥미를 가지며 자신의 생각이나 느낌을 문장으로 표현한다.

오늘 배운 4개의 단어 이외에
'日(날 일)'이 숨어 있는 단어를
생각해 보세요.

2. 들입

공부한 날 ◯ 월 ▢ 일

① 다음 단어들을 **큰 소리로** 읽어 보세요.

입학

입장

입구

신**입**생

14   한자가 어휘력이다 1단계

2 모든 단어에
똑같이 들어 있는 글자에 ◯ 하세요.

3 모든 단어 속에
숨어 있는 공통 한자에 ◯ 하세요.

 입학

入학

학교에 **들어감**

입장

入장

어떠한 곳으로 **들어감**

입구

入구

들어가는 곳

신**입**생

신**入**생

새로 학교에 **들어간** 학생

공통 글자를 쓰세요.

모양	뜻	소리
入	들다, 들어가다	입

어디에 들어갈 수 있는
뾰족한 모양을 나타냈어요.

4 **한자의 이름을** 따라 쓰세요.

들 입

들 입

5 단어에 '入(입)'이 숨어 있으면, 그 단어에는 '들어가다'의 뜻이 들어 있어요.
다음 단어들을 **한글로** 쓴 다음, 옆의 뜻풀이를 읽고 '**入(입)**'의 뜻에 ○ 하세요.

入학 　입학　 → 학교에 (들어감)

入장 　　　 → 어떠한 곳으로 **들어감**

入구 　　　 → **들어가는** 곳

신入생 　　　 → 새로 학교에 **들어간** 학생

6 아래 글을 읽고 '入(들 입)'이 숨어 있는 단어를 찾아볼까요?
굵게 표시된 6개의 단어 중 '**들어가다**'의 뜻이 있는 **4개의 단어**에 ◯ 하세요.

오늘은 초등학교에 **입학**하는 날이다.

학교 **입구**까지 엄마가 데려다 주셨다.

나는 떨리는 마음으로 강당에 **입장**했다.

먼저 **교장** 선생님께서 **신입생**을 환영해 주셨다.

다음에 선생님과 반 친구들과 인사를 나누었다.

마지막으로 다 함께 **사진**을 찍었다.

♥ **교육과정 성취기준 1~2학년군** / 2국01-01
중요한 내용이나 일이 일어난 순서를 고려하며 듣고 말한다.

오늘 배운 4개의 단어 이외에
'入(들 입)'이 숨어 있는 단어를
생각해 보세요.

3. 클 대

대

1 다음 단어들을 큰 **소리로** 읽어 보세요.

대문

대회

대상

대장

2 모든 단어에
똑같이 들어 있는 글자에 ◯ 하세요.

3 모든 단어 속에
숨어 있는 공통 한자에 ◯ 하세요.

 대문

大문

큰 문

대회

大회

재주를 겨루는 **큰** 모임

대상

大상

대회에서 주는 가장 **큰** 상

대장

大장

어떤 무리에서 가장 **높은** 사람

 大

공통 글자를 쓰세요.

(모양)   (뜻)   (소리)

大 | 크다, 높다 | 대

양팔을 크게 벌리고 있는
사람의 모양이에요.

4 한자의 이름을
따라 쓰세요.

클 대

클 대

---

5 단어에 '大(대)'가 숨어 있으면, 그 단어에는 '크다, 높다'의 뜻이 들어 있어요.
다음 단어들을 **한글로** 쓴 다음, 옆의 뜻풀이를 읽고 **'大(대)'의 뜻에** ◯ 하세요.

大문   대문   → (큰)문

大회   ☐   → 재주를 겨루는 **큰** 모임

大상   ☐   → 대회에서 주는 가장 **큰** 상

大장   ☐   → 어떤 무리에서 가장 **높은** 사람

6 아래 글을 읽고 '大(클 대)'가 숨어 있는 단어를 찾아볼까요?
굵게 표시된 6개의 단어 중 '**크다, 높다**'의 뜻이 있는 **4개의 단어**에 ◯ 하세요.

오늘은 기다렸던 체육 (**대회**)날이다.

집 **대문**을 나서자마자 학교로 마구 뛰어갔다.

친구들이 달리기를 할 때, 우리 반 **대장** 현수가

앞장서서 반 친구들의 **응원**을 이끌었다.

모두가 **준비**를 열심히 한 덕분에 우리 반이

응원 **대상**까지 받았다. 무척 행복한 하루였다.

♥ 교육과정 성취기준 1~2학년군 / 2국03-04
겪은 일을 표현하는 글을 자유롭게 쓰고, 쓴 글을 함께 읽고 생각이나 느낌을 나눈다.

오늘 배운 4개의 단어 이외에
'大(클 대)'가 숨어 있는 단어를
생각해 보세요.

일이삼사

① 다음 단어들을 큰 소리로 읽어 보세요.

일층

이층

삼층

사층

2 다음 단어에서 **몇 층인지를 나타내는** 글자에 ◯ 하세요.

3 다음 단어 속에 **숨어 있는 한자에** ◯ 하세요.

층

층

한 개의 층

이층

二층

두 개의 층

삼층

三층

세 개의 층

사층

四층

네 개의 층

일이삼사

一 二 三 四

글자를 쓰세요.

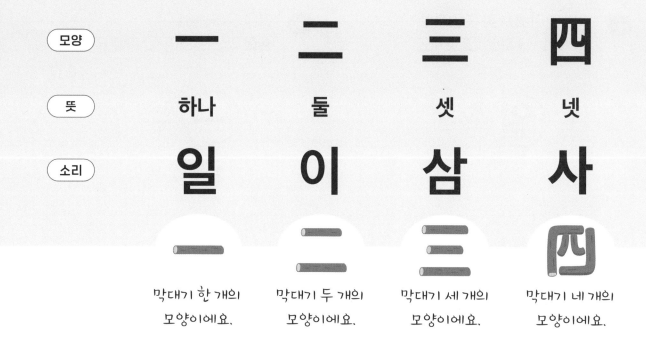

모양	一	二	三	四
뜻	하나	둘	셋	넷
소리	일	이	삼	사

막대기 한 개의 모양이에요.

막대기 두 개의 모양이에요.

막대기 세 개의 모양이에요.

막대기 네 개의 모양이에요.

4 **한자의 이름을** 따라 쓰세요.

한 일	두 이	석 삼	넉 사

5 단어에 '一(일), 二(이), 三(삼), 四(사)'가 숨어 있으면, 그 단어에는 숫자의 뜻이 있어요.
다음 단어들을 **한글로** 쓴 다음, 옆의 뜻풀이를 읽고 **각 한자의 뜻에** ◯ 하세요.

一층	일층	→ (한) 개의 층
二층		→ 두 개의 층
三층		→ 세 개의 층
四층		→ 네 개의 층

6 아래 글을 읽고 '一', '二', '三', '四'가 숨어 있는 단어를 찾아볼까요?
굵게 표시된 6개의 단어 중 '숫자'의 뜻이 있는 **4개의 단어**에 ⭕ 하세요.

우리 **학교**는 빨간 벽돌로 지어져서 참 예쁘다.

학교 안에는 정말 다양한 **교실**들이 있다.

일층에는 선생님들이 계시는 교무실이 있고,

이층에는 내가 있는 1학년 교실이 있다.

그리고 **삼층**에는 과학실과 미술실이 있다.

꼭대기 **사층**에는 내가 좋아하는 도서실이 있다.

♥ **교육과정 성취기준 1~2학년군** / 2슬01-01
안팎의 모습과 생활을 탐색하며 안전한 학교 생활을 한다.

오늘 배운 4개의 단어 이외에
'一', '二', '三', '四'가 숨어 있는 단어를
생각해 보세요.

1 다음 단어들을 **큰 소리로** 읽어 보세요.

식구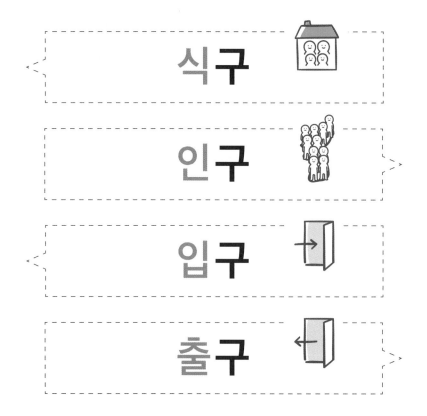

인구

입구

출구

2 모든 단어에
똑같이 들어 있는 글자에 ◯ 하세요.

인구

입구

출구

공통 글자를 쓰세요.

3 모든 단어 속에
숨어 있는 공통 한자에 ◯ 하세요.

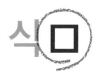

한집에 살며 함께 밥을 먹는 **사람**

인☐

어떤 지역에 사는 **사람의 수**

입☐

들어가는 **곳**

출☐

나가는 **곳**

☐

(모양)　　　　　(뜻)　　　　　(소리)

口 | 입(사람), 드나드는 곳 | 구

뻥 뚫린 사람의 입 모양이에요.

4 한자의 이름을 따라 쓰세요.

입 구

입 구

5 단어에 '口(구)'가 숨어 있으면, 그 단어에는 '입(사람), 곳'의 뜻이 들어 있어요.
다음 단어들을 **한글로** 쓴 다음, 옆의 뜻풀이를 읽고 '**口(구)'의 뜻**에 ◯ 하세요.

식口　　식구　　→　한집에 살며 함께 밥을 먹는 (사람)

인口　　　　　→　어떤 지역에 사는 **사람의 수**

入口　　　　　→　들어가는 **곳**

출口　　　　　→　나가는 **곳**

6 아래 글을 읽고 'ㅁ(입 구)'가 숨어 있는 단어를 찾아볼까요?
굵게 표시된 6개의 단어 중 '입(사람), 곳'의 뜻이 있는 **4개의 단어**에 ◯ 하세요.

오늘 우리 동네에 새로 생긴 **시장**에 다녀왔다.

아버지께서 동네 **인구**가 많이 늘어나면서

시장도 새로 생겼다고 설명해 주셨다.

시장 **입구**에 있는 분식집에서 떡볶이도 먹고,

출구 쪽에 있는 옷 가게에서 **양말**도 샀다.

우리 **식구** 숫자대로 샀더니 여섯 켤레나 되었다.

♥ **교육과정 성취기준 1~2학년군** / 2슬01-03
가족이나 주변 사람에게 관심을 갖고 함께 살아가는 모습을 탐구한다.

오늘 배운 4개의 단어 이외에
'ㅁ(입 구)'가 숨어 있는 단어를
생각해 보세요.

상

1 다음 단어들을 큰 소리로 읽어 보세요.

세상

옥상

수상

상의

2 모든 단어에
똑같이 들어 있는 글자에 ○ 하세요.

3 모든 단어 속에
숨어 있는 공통 한자에 ○ 하세요.

세

세上
지구 **위** 전체

옥**상**

옥上
지붕의 **위**

수**상**

수上
물의 **위**

상의

上의
위에 입는 옷

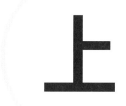

공통 글자를 쓰세요.

모양 | 뜻 | 소리

上 | 위 | 상

땅에서 위를 가리키는
모양을 나타냈어요.

4 한자의 이름을 따라 쓰세요.

윗 상

윗 상

---

5 단어에 '上(상)'이 숨어 있으면, 그 단어에는 '위'의 뜻이 들어 있어요.
다음 단어들을 **한글로** 쓴 다음, 옆의 뜻풀이를 읽고 '**上(상)**'의 뜻에 ⭕ 하세요.

| 세上 | 세상 | → 지구 ⭕위 전체 |

| 옥上 | | → 지붕의 **위** |

| 수上 | | → 물의 **위** |

| 上의 | | → **위**에 입는 옷 |

6 아래 글을 읽고 '上(윗 상)'이 숨어 있는 단어를 찾아볼까요?
굵게 표시된 6개의 단어 중 '**위**'의 뜻이 있는 **4개의 단어**에 ◯ 하세요.

학교에서 친구들과 좋아하는 것들을 이야기했다.

지유는 **수상** 스키 타는 것이 재미있다고 했다.

하준이는 **옥상**에서 **상의**를 벗고 누워 있으면,

햇살을 느낄 수 있어 **기분**이 좋다고 했다.

나는 그림 그리는 것이 좋다고 했다.

나는 커서 **세상**에서 제일 멋진 화가가 되고 싶다.

♥ 교육과정 성취기준 1~2학년군 / 2슬01-02
나를 탐색하여 나에 대해 설명한다.

오늘 배운 4개의 단어 이외에
'上(윗 상)'이 숨어 있는 단어를
생각해 보세요.

하

1 다음 단어들을 큰 소리로 읽어 보세요.

하의

지**하**도

낙**하**산

하교

2 모든 단어에
똑같이 들어 있는 글자에 ◯ 하세요.

지**하**도

낙**하**산

하교

공통 글자를 쓰세요.

3 모든 단어 속에
숨어 있는 공통 한자에 ◯ 하세요.

아래에 입는 옷

지**下**도

땅 **아래**로 낸 길

낙**下**산

하늘에서 사람이 **아래**로 천천히
떨어지게 하는 우산 모양의 기구

下교

공부를 **끝**내고
학교에서 집으로 돌아옴

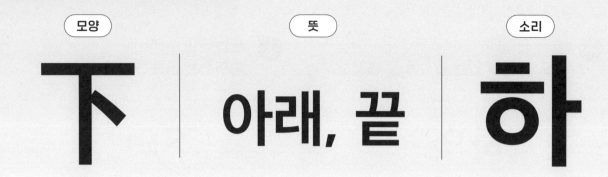

모양 · 뜻 · 소리

下 | 아래, 끝 | 하

땅에서 아래를 가리키는
모양을 나타냈어요.

4 한자의 이름을
따라 쓰세요.

아래 하

아래 하

5 단어에 '下(하)'가 숨어 있으면, 그 단어에는 '아래, 끝'의 뜻이 들어 있어요.
다음 단어들을 **한글로** 쓴 다음, 옆의 뜻풀이를 읽고 '下(하)'의 뜻에 ◯ 하세요.

下의 → 하의 → **아래**에 입는 옷

지下도 → → 땅 **아래**로 낸 길

낙下산 → → 하늘에서 사람이 **아래**로 천천히
떨어지게 하는 우산 모양의 기구

下교 → → 공부를 **끝**내고
학교에서 집으로 돌아옴

6 아래 글을 읽고 '下(아래 하)'가 숨어 있는 단어를 찾아볼까요?
굵게 표시된 6개의 단어 중 '**아래, 끝**'의 뜻이 있는 **4개의 단어**에 ◯ 하세요.

오늘 **하교**하는 길에 **소나기**가 내렸다.

지하도 계단을 내려갈 때 미끄러워 넘어질 뻔했다.

우산이 **낙하산**처럼 펼쳐져서 다행히 넘어지지는

않았지만, **하의**가 빗물에 흠뻑 젖었다.

골목으로 나오니 이번엔 오토바이가 쌩하고

내 앞을 빠르게 지나가 깜짝 놀랐다.

골목에서는 **주변**을 살피며 천천히 걸어야겠다.

♥ 교육과정 성취기준 1~2학년군 / 2바03-02
계절의 변화에 대응하며 생활한다.

오늘 배운 4개의 단어 이외에
'下(아래 하)'가 숨어 있는 단어를
생각해 보세요.

1 다음 단어들을 큰 소리로 읽어 보세요.

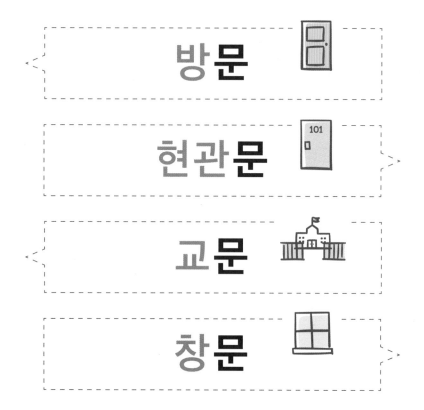

방**문**

현관**문**

교**문**

창**문**

2 모든 단어에
똑같이 들어 있는 글자에 ◯ 하세요.

3 모든 단어 속에
숨어 있는 공통 한자에 ◯ 하세요.

방으로 드나드는 문

현관**문**

현관**門**

현관을 드나드는 문

교**문**

교**門**

학교의 문

창**문**

창**門**

벽이나 지붕에 낸 문

공통 글자를 쓰세요.

모양 | 뜻 | 소리

門 | 문 | 문

두 개의 문짝 모양이에요.

4 한자의 이름을 따라 쓰세요.

문 문

문 문

5 단어에 '門(문)'이 숨어 있으면, 그 단어에는 '문'의 뜻이 들어 있어요.
다음 단어들을 **한글로** 쓴 다음, 옆의 뜻풀이를 읽고 **'門(문)'의 뜻에** ○ 하세요.

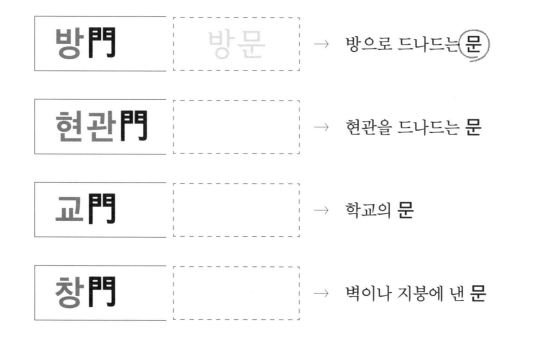

방門 | 방문 | → 방으로 드나드는 (문)

현관門 | | → 현관을 드나드는 문

교門 | | → 학교의 문

창門 | | → 벽이나 지붕에 낸 문

6 아래 글을 읽고 '門(문 문)'이 숨어 있는 단어를 찾아볼까요?
굵게 표시된 6개의 단어 중 '**문**'**의 뜻이 있는 4개의 단어에** ◯ 하세요.

(교**문**)에서 만난 서현이가 **붕대**를 감고 있었다.

방문 사이에 발가락이 끼어 다쳤다고 했다.

나도 **창문**에 손가락이 끼어 다친 적이 있다.

또 **신발**을 신고 있는데, 동생이 갑자기

현관문을 열어서 머리를 부딪친 적도 있다.

집에서도 크게 다칠 수 있으니 조심해야 한다.

♥ **교육과정 성취기준 1~2학년군** / 2바04-04
지금까지의 생활 습관과 학습 습관을 되돌아본다.

오늘 배운 4개의 단어 이외에
'門(문 문)'이 숨어 있는 단어를
생각해 보세요.

생日

[   ] → 세상에 태어난 [날]

신入생

[   ] → 새로 학교에

[들어간] 학생

大상

[   ] → 대회에서 주는 가장

[큰] 상

二층

[   ] → [두] 개의 층

혹시 기억이 나지 않는다면,
앞에서 배운 부분을
다시 한번 찾아보세요.

日　10~13쪽　　口　26~29쪽
入　14~17쪽　　上　30~33쪽
大　18~21쪽　　下　34~37쪽
二　22~25쪽　　門　38~41쪽

인口　→　어떤 지역에 사는

사람의 수

옥上　→　지붕의 위

지下도　→　땅 아래로 낸 길

교門　→　학교의 문

2단원
자연

다음 글자를 보고,
떠오르는 단어를 자유롭게 말해 보세요.

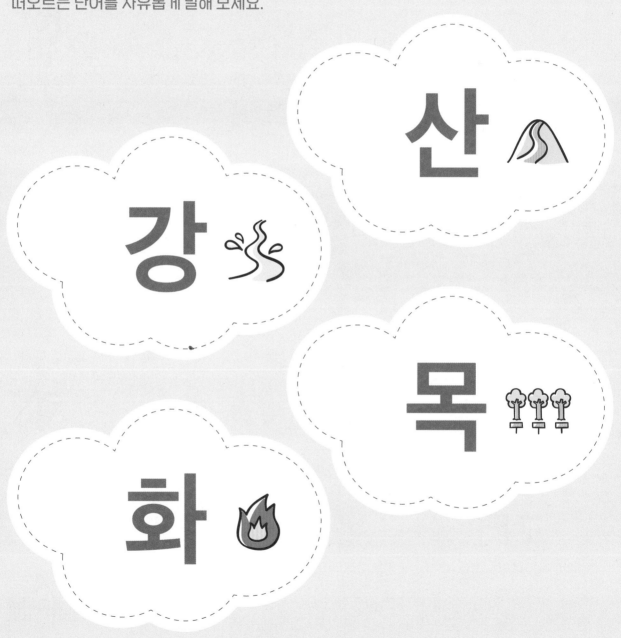

1. 메 산

산

1 다음 단어들을 큰 **소리로** 읽어 보세요.

한라**산**

등산

산길

산사태

2 모든 단어에
똑같이 들어 있는 글자에 ◯ 하세요.

3 모든 단어 속에
숨어 있는 공통 한자에 ◯ 하세요.

한라	한라山
	백록담이 있는 제주도의 **산**
등산	등山
	산에 오름
산길	山길
	산에 나 있는 길
산사태	山사태
	산에서 돌과 흙이 무너지는 일

공통 글자를 쓰세요.

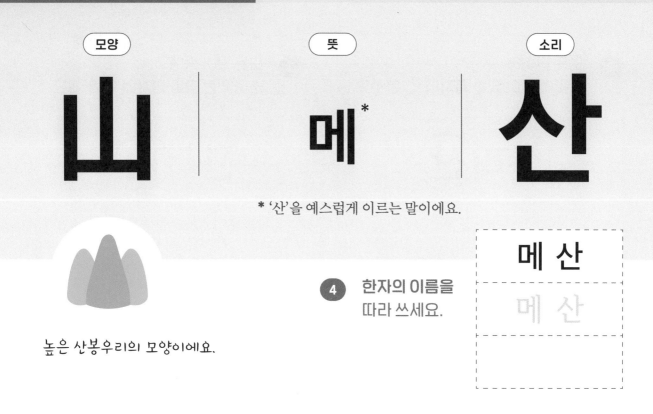

모양	뜻	소리
山	메*	산

* '산'을 예스럽게 이르는 말이에요.

높은 산봉우리의 모양이에요.

4 **한자의 이름을** 따라 쓰세요.

메 산

메 산

---

5 단어에 '山(산)'이 숨어 있으면, 그 단어에는 '산'의 뜻이 들어 있어요.
다음 단어들을 **한글로** 쓴 다음, 옆의 뜻풀이를 읽고 **'山(산)'의 뜻에** ◯ 하세요.

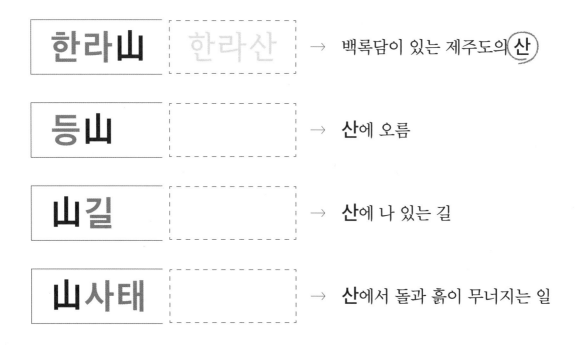

한라山	한라산	→ 백록담이 있는 제주도의 (산)
등山		→ 산에 오름
山길		→ 산에 나 있는 길
山사태		→ 산에서 돌과 흙이 무너지는 일

6 아래 글을 읽고 '山(메 산)'이 숨어 있는 단어를 찾아볼까요?
굵게 표시된 6개의 단어 중 '**산**'의 뜻이 있는 **4개의 단어**에 ◯ 하세요.

봄을 맞이해 제주도로 가족 **여행**을 다녀왔다.

한라산에 가고 싶었지만, 비가 많이 와서

산사태가 날 위험이 있다고 했다.

그래서 **등산** 대신 꽃구경을 하기로 했다.

다 함께 바다가 보이는 **산길**을 따라 걸으며

노란색 유채꽃과 분홍색 철쭉 **사진**을 찍었다.

♥ **교육과정 성취기준 1~2학년군** / 2즐01-04
우리를 둘러싼 자연의 아름다움을 감상한다.

오늘 배운 4개의 단어 이외에
'山(메 산)'이 숨어 있는 단어를
생각해 보세요.

2. 강 강

강

1 다음 단어들을 큰 소리로 읽어 보세요.

한강

강물

강변

강산

2 모든 단어에
똑같이 들어 있는 글자에 ◯ 하세요.

강물

강변

강산

공통 글자를 쓰세요.

3 모든 단어 속에
숨어 있는 공통 한자에 ◯ 하세요.

우리나라 가운데를 흐르는 **강**

江물

강에 흐르는 물

江변

강의 가장자리에 닿아 있는 땅

江산

강과 산 [자연]

江

모양

뜻

소리

江 | 강 | 강

'氵'의 뜻[물]과 'エ'의 소리[공 → 강]를
가졌어요.

4 한자의 이름을
따라 쓰세요.

강 강

강 강

---

5 단어에 '江(강)'이 숨어 있으면, 그 단어에는 '강'의 뜻이 들어 있어요.
다음 단어들을 **한글로** 쓴 다음, 옆의 뜻풀이를 읽고 **'江(강)'의 뜻에** ◯ 하세요.

한江	한강	→ 우리나라 가운데를 흐르는 (강)
江물		→ 강에 흐르는 물
江변		→ 강의 가장자리에 닿아 있는 땅
江山		→ 강과 산 [자연]

6 아래 글을 읽고 '江(강 강)'이 숨어 있는 단어를 찾아볼까요?
굵게 표시된 6개의 단어 중 '**강**'의 뜻이 있는 **4개의 단어**에 ◯ 하세요.

오늘 지유와 (한강)에서 수상 스키를 탔다.

나는 **강물**이 차가워서 오래 타지 못하고

강변에 앉아 지유가 타는 걸 **구경**했다.

지유는 **계절**이 바뀔 때마다 여행을 다니면서

우리나라의 아름다운 **강산**을 구경하는데,

물놀이를 할 수 있는 여름이 가장 좋다고 했다.

♥ **교육과정 성취기준 1~2학년군** / 2즐03-02
자연의 변화를 느끼며 놀이한다.

오늘 배운 4개의 단어 이외에
'江(강 강)'이 숨어 있는 단어를
생각해 보세요.

목

1 다음 단어들을 큰 소리로 읽어 보세요.

식목일

수목원

목발

목마

2 모든 단어에
똑같이 들어 있는 글자에 ⭕ 하세요.

3 모든 단어 속에
숨어 있는 **공통 한자**에 ⭕ 하세요.

식⭕일

식⭕일

나무를 심는 날

수**목**원

수**木**원

여러 가지 **나무**를 가꾸는 곳

목발

木발

발이 되어 주는 **나무** 막대기

목마

木마

나무로 말의 모양을 만든 것

목

木

공통 글자를 쓰세요.

모양	뜻	소리
木	나무	목

서 있는 나무의 모양이에요.

④ **한자의 이름을** 따라 쓰세요.

나무 목

나무 목

⑤ 단어에 '木(목)'이 숨어 있으면, 그 단어에는 '나무'의 뜻이 들어 있어요.
다음 단어들을 **한글로** 쓴 다음, 옆의 뜻풀이를 읽고 **'木(목)'의 뜻**에 ◯ 하세요.

식木日	식목일	→ ⟨나무⟩를 심는 날
수木원		→ 여러 가지 **나무**를 가꾸는 곳
木발		→ 발이 되어 주는 **나무** 막대기
木마		→ 나무로 말의 모양을 만든 것

6 아래 글을 읽고 '木(나무 목)'이 숨어 있는 단어를 찾아볼까요?
굵게 표시된 6개의 단어 중 '**나무**'의 뜻이 있는 **4개의 단어**에 ◯ 하세요.

오늘 (식목일)을 맞이하여 **수목원**에 갔다.

다양한 **종류**의 나무 이름 맞히기 놀이를 하며

나무로 만든 여러 가지 **물건**도 살펴보았다.

내가 발을 다쳤을 때 짚었던 **목발**도, 놀이터의

목마도 모두 나무를 잘라서 만든 것이었다.

봄이 와서 싱그러워진 나무들이 더욱 고마웠다.

♥ **교육과정 성취기준 1~2학년군** / 2바01-04
생태환경에서 더불어 살기 위해 노력한다.

오늘 배운 4개의 단어 이외에
'木(나무 목)'이 숨어 있는 단어를
생각해 보세요.

4. 불화

1 다음 단어들을 큰 소리로 읽어 보세요.

화산

화력

화상

소**화**기

2 모든 단어에
똑같이 들어 있는 글자에 ◯ 하세요.

산

화력

화상

소**화**기

공통 글자를 쓰세요.

3 모든 단어 속에
숨어 있는 공통 한자에 ◯ 하세요.

산

불같이 뜨거운 가스가
땅속에서 터져 나오며 생긴 산

火력

불의 힘

火상

불에 데어서 생긴 상처

소火기

불을 끄는 기구

모양	뜻	소리
火	불	화

불이 타오르는 모양이에요.

4 **한자의 이름을** 따라 쓰세요.

불 화

불 화

5 단어에 '火(화)'가 숨어 있으면, 그 단어에는 '불'의 뜻이 들어 있어요.
다음 단어들을 **한글로** 쓴 다음, 옆의 뜻풀이를 읽고 '**火(화)'의 뜻에** ◯ 하세요.

火山 [화산] → 불같이 뜨거운 가스가 땅속에서 터져 나오며 생긴 산

火력 [　　] → 불의 힘

火상 [　　] → 불에 데어서 생긴 상처

소火기 [　　] → 불을 끄는 기구

6 아래 글을 읽고 '火(불 화)'가 숨어 있는 단어를 찾아볼까요?
굵게 표시된 6개의 단어 중 '**불**'의 뜻이 있는 **4개의 단어**에 ○ 하세요.

제주도는 **화산**으로 만들어진 섬이라고 한다.

작은 촛불에도 나는 **화상**을 입는데,

섬 하나를 만들어 내는 **화력**은 얼마나 강한 걸까?

새삼스럽게 제주도가 더 멋있게 느껴졌다.

우리가 **소화기** 사용법을 잘 배워 놓기만 한다면,

불이 꼭 무서운 것만은 아니라는 **생각**이 들었다.

♥ **교육과정 성취기준 1~2학년군** / 2국01-04
자신의 경험이나 생각을 바른 자세로 발표한다.

오늘 배운 4개의 단어 이외에
'火(불 화)'가 숨어 있는 단어를
생각해 보세요.

5. 흙토

토

1 다음 단어들을 큰 소리로 읽어 보세요.

점**토**

황**토**

토기

토종닭

2 모든 단어에
똑같이 들어 있는 글자에 ◯ 하세요.

점

황**토**

토기

토종닭

공통 글자를 쓰세요.

3 모든 단어 속에
숨어 있는 공통 한자에 ◯ 하세요.

점

부드럽고 끈끈한 **흙**

황**土**

누런 **흙**

土기

흙으로 만든 그릇

土종닭

예전부터 그 **땅**에서 키워 온 종류의 닭

모양	뜻	소리
土	흙, 땅	토

땅에 흙덩어리가 뭉쳐 있는
모양이에요.

4 한자의 이름을
따라 쓰세요.

흙 토

흙 토

5 단어에 '土(토)'가 숨어 있으면, 그 단어에는 '흙, 땅'의 뜻이 들어 있어요.
다음 단어들을 **한글로** 쓴 다음, 옆의 뜻풀이를 읽고 '**土(토)**'의 뜻에 ⭕ 하세요.

점土	점토	→ 부드럽고 끈끈한 (흙)
황土		→ 누런 **흙**
土기		→ **흙**으로 만든 그릇
土종닭		→ 예전부터 그 **땅**에서 키워 온 종류의 닭

6 아래 글을 읽고 '土(흙 토)'가 숨어 있는 단어를 찾아볼까요?
굵게 표시된 6개의 단어 중 '**흙, 땅**'의 뜻이 있는 **4개의 단어**에 ⭕ 하세요.

우리 동네 시장 **입구**에 (**토기**)를 파는 가게가 있다.

엄마가 가끔 **토종닭**으로 삼계탕을 끓이시는데,

꼭 그 가게의 그릇만 사용하신다.

미술 시간에 **점토**로 만든 그릇을 가지고 가서

가게 **주인** 아저씨께 보여 드렸더니, 껄껄 웃으시며

이곳의 그릇은 모두 **황토**로 만든 거라고 하셨다.

하지만 내 솜씨도 아주 좋다고 칭찬해 주셨다.

♥ **교육과정 성취기준 1~2학년군** / 2슬02-01
우리가 살고 있는 마을과 사람들이 생활하는 모습을 살펴본다.

오늘 배운 4개의 단어 이외에
'土(흙 토)'가 숨어 있는 단어를
생각해 보세요.

1 다음 단어들을 큰 소리로 읽어 보세요.

천사

천국

천장

천재

2 모든 단어에
똑같이 들어 있는 글자에 ⭕ 하세요.

3 모든 단어 속에
숨어 있는 공통 한자에 ⭕ 하세요.

사

天사

하늘에서 내려온 신의 심부름꾼

천국

天국

하늘에 있다는 완벽한 나라

천장

天장

건물 안쪽 공간의 **하늘** 쪽 면

천재

天재

타고난 재주를 가진 사람

天

공통 글자를 쓰세요.

모양	뜻	소리
天	하늘, 타고나다	천

사람[大]과 그 위에 있는 하늘[一]의
모양을 합했어요.

4 한자의 이름을
따라 쓰세요.

하늘 천

~~하늘 천~~

5 단어에 '天(천)'이 숨어 있으면, 그 단어에는 '하늘, 타고나다'의 뜻이 들어 있어요.
다음 단어들을 **한글로** 쓴 다음, 옆의 뜻풀이를 읽고 **'天(천)'의 뜻**에 ⭕ 하세요.

天사	천사	→ ⭕하늘에서 내려온 신의 심부름꾼
天국		→ **하늘**에 있다는 완벽한 나라
天장		→ 건물 안쪽 공간의 **하늘** 쪽 면
天재		→ **타고난** 재주를 가진 사람

6 아래 글을 읽고 '天(하늘 천)'이 숨어 있는 단어를 찾아볼까요?
굵게 표시된 6개의 단어 중 '**하늘, 타고나다**'의 뜻이 있는 **4개의 단어**에 ◯ 하세요.

가을은 책을 읽기 좋은 **계절**이라고 한다.

(**천재**) 음악가의 위인전을 읽다가 깜빡 잠이 들었다.

눈을 뜨자 **천사**들이 재잘재잘 떠들고 있었다.

내가 **천국**에 온 것일까? 다시 눈을 감았다 떴다.

조용한 우리 집 **천장**을 올려다보며,

가을 하늘로 두둥실 떠오르는 **상상**을 했다.

♥ 교육과정 성취기준 1~2학년군 / 2즐04-02
자유롭게 상상하며 놀이한다.

오늘 배운 4개의 단어 이외에
'天(하늘 천)'이 숨어 있는 단어를
생각해 보세요.

① 다음 단어들을 큰 소리로 읽어 보세요.

백인

백곰

백호

백로

2 모든 단어에
똑같이 들어 있는 글자에 ⃝ 하세요.

3 모든 단어 속에
숨어 있는 공통 한자에 ⃝ 하세요.

피부색이 **흰** 사람

온몸의 털이 **흰** 곰

털이 **흰** 호랑이

부리, 목, 다리가 길고 몸이 **흰** 새

공통 글자를 쓰세요.

모양	뜻	소리
白	희다	백

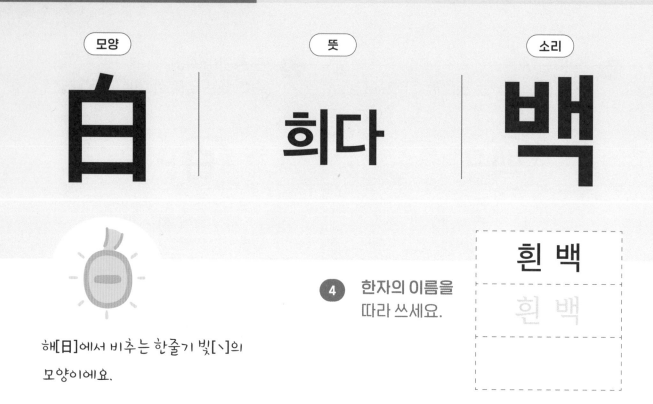

해[日]에서 비추는 한줄기 빛[丶]의 모양이에요.

4 한자의 이름을 따라 쓰세요.

흰 백

흰 백

---

5 단어에 '白(백)'이 숨어 있으면, 그 단어에는 '희다'의 뜻이 들어 있어요.
다음 단어들을 **한글로** 쓴 다음, 옆의 뜻풀이를 읽고 **'白(백)'의 뜻에** ◯ 하세요.

白인	백인	→ 피부색이 (흰) 사람
白곰		→ 온몸의 털이 **흰** 곰
白호		→ 털이 **흰** 호랑이
白로		→ 부리, 목, 다리가 길고 몸이 **흰** 새

6 아래 글을 읽고 '白(흰 백)'이 숨어 있는 단어를 찾아볼까요?
굵게 표시된 6개의 단어 중 '**희다**'의 뜻이 있는 **4개의 단어**에 ◯ 하세요.

눈이 오는 어느 날, 미국에서 온 (**백인**) 친구

엘라네 가족과 함께 **동물원**에 놀러 갔다.

백곰은 눈밭을 구르며 신나게 겨울을 즐겼다.

백호는 추운지 몸을 잔뜩 웅크리고 있었다.

쌓인 눈 위를 훨훨 날아다니는

커다란 **백로**의 모습도 정말 **인상**적이었다.

♥ 교육과정 성취기준 1~2학년군 / 2국03-03
주변 소재에 대해 소개하는 글을 쓴다.

오늘 배운 4개의 단어 이외에
'白(흰 백)'이 숨어 있는 단어를
생각해 보세요.

8. 물수

① 다음 단어들을 큰 소리로 읽어 보세요.

수영장

온**수**

생**수**

음료**수**

2 모든 단어에
똑같이 들어 있는 글자에 ◯ 하세요.

3 모든 단어 속에
숨어 있는 공통 한자에 ◯ 하세요.

영장

영장

물속에서 노는 시설을 갖춘 곳

온**수**

온**水**

따뜻한 **물**

생**수**

생**水**

샘에서 솟는 맑은 **물**

음료**수**

음료**水**

맛을 즐기기 위해 마시는 **물**

水

공통 글자를 쓰세요.

모양	뜻	소리
水	물	수

물이 흐르고 있는 모양이에요.

4 **한자의 이름을**
따라 쓰세요.

물 수

물 수

5 단어에 '水(수)'가 숨어 있으면, 그 단어에는 '물'의 뜻이 들어 있어요.
다음 단어들을 **한글로** 쓴 다음, 옆의 뜻풀이를 읽고 **'水(수)'의 뜻에** ○ 하세요.

水영장 수영장 → ⃝물속에서 노는 시설을 갖춘 곳

온水 → 따뜻한 **물**

생水 → 샘에서 솟는 맑은 **물**

음료水 → 맛을 즐기기 위해 마시는 **물**

6 아래 글을 읽고 '水(물 수)'가 숨어 있는 단어를 찾아볼까요?
굵게 표시된 6개의 단어 중 '**물**'의 뜻이 있는 **4개의 단어**에 ⭕ 하세요.

학교에서 **야외** 활동을 하러 **수영장**에 갔다.

바깥이었지만 **온수**가 나와서 물속이 따뜻했다.

장난꾸러기 준현이는 물이 따뜻하다면서,

생수도 아닌데 벌컥벌컥 마시다가 **배탈**이 났다.

정신없이 친구들과 함께 물놀이를 하다가

선생님이 나누어 주시는 **음료수**도 못 받을 뻔했다.

♥ 교육과정 성취기준 1~2학년군 / 2즐03-01
하루를 건강하고 활기차게 지낸다.

오늘 배운 4개의 단어 이외에
'水(물 수)'가 숨어 있는 단어를
생각해 보세요.

등山

[　　　] → [산] 에 오름

江물

[　　　] → [강] 에 흐르는 물

木발

[　　　] → 발이 되어 주는

[나무] 막대기

소火기

[　　　] → [불] 을 끄는 기구

혹시 기억이 나지 않는다면,
앞에서 배운 부분을
다시 한번 찾아보세요.

山 46~49쪽   土 62~65쪽
江 50~53쪽   天 66~69쪽
木 54~57쪽   白 70~73쪽
火 58~61쪽   水 74~77쪽

土기

[　　　　] → 흙 으로 만든 그릇

天재

→ 타고난

재주를 가진 사람

[　　　　]

白곰

[　　　　] → 온몸의 털이 흰 곰

온水

[　　　　] → 따뜻한 물

문학

다음 글자를 보고,
떠오르는 단어를 자유롭게 말해 보세요.

1. 사람 인

인

1 다음 단어들을 큰 **소리로** 읽어 보세요.

거**인**

군**인**

주**인**

인형

2 모든 단어에
똑같이 들어 있는 글자에 ◯ 하세요.

3 모든 단어 속에
숨어 있는 공통 한자에 ◯ 하세요.

군인

주인

인형

몸이 아주 큰 **사람**

군人

군대에서 일하는 **사람**

주人

물건을 자기 것으로 가진 **사람**

人형

사람 모양으로 만든 장난감

공통 글자를 쓰세요.

모양	뜻	소리
人	사람	인

사람이 서 있는 모양이에요.

4 한자의 이름을 따라 쓰세요.

사람 인

사람 인

---

5 단어에 '人(인)'이 숨어 있으면, 그 단어에는 '사람'의 뜻이 들어 있어요.
다음 단어들을 **한글로** 쓴 다음, 옆의 뜻풀이를 읽고 **'人(인)'의 뜻**에 ◯ 하세요.

거人	거인	→ 몸이 아주 큰 (사람)
군人		→ 군대에서 일하는 **사람**
주人		→ 물건을 자기 것으로 가진 **사람**
人형		→ **사람** 모양으로 만든 장난감

6 아래 글을 읽고 '人(사람 인)'이 숨어 있는 단어를 찾아볼까요?
굵게 표시된 6개의 단어 중 **'사람'의 뜻이 있는 4개의 단어**에 ◯ 하세요.

나는 매일 밤 자기 전에 **인형**을 안고 누워,

엄마와 함께 책 읽는 **시간**을 보낸다.

책을 읽으면 나는 **다양**한 사람이 될 수 있다.

군인이 되어서 나라를 지키기도 하고,

구름이 손에 닿는 **거인**이 되기도 하고,

도깨비 방망이의 **주인**이 되기도 한다.

♥ 교육과정 성취기준 1~2학년군 / 2국05-05
시나 노래, 이야기에 흥미를 가진다.

오늘 배운 4개의 단어 이외에
'人(사람 인)'이 숨어 있는 단어를
생각해 보세요.

2. 임금 왕

왕

① 다음 단어들을 큰 소리로 읽어 보세요.

왕관

왕자

왕비

용왕

2 모든 단어에
똑같이 들어 있는 글자에 ◯ 하세요.

3 모든 단어 속에
숨어 있는 공통 한자에 ◯ 하세요.

관

王관

임금이 머리에 쓰는 장식

왕자

王자

임금의 아들

왕비

王비

임금의 아내

용**왕**

용王

바다에 살며
물속 생물을 다스린다는 **임금**

공통 글자를 쓰세요.

(모양) (뜻) (소리)

王 | 임금 | 왕

하늘[一], 땅[一], 사람[一]을 꿰뚫는[|]
큰 도끼의 모양을 나타냈어요.

4 한자의 이름을
따라 쓰세요.

임금 왕

임금 왕

5 단어에 '王(왕)'이 숨어 있으면, 그 단어에는 '임금'의 뜻이 들어 있어요.
다음 단어들을 **한글로** 쓴 다음, 옆의 뜻풀이를 읽고 '**王(왕)**'의 뜻에 ◯ 하세요.

| 王관 | 왕관 | → (임금)이 머리에 쓰는 장식 |

| 王자 | | → 임금의 아들 |

| 王비 | | → 임금의 아내 |

| 용王 | | → 바다에 살며 물속 생물을 다스린다는 **임금** |

6 아래 글을 읽고 '王(임금 왕)'이 숨어 있는 단어를 찾아볼까요?
굵게 표시된 6개의 단어 중 '임금'의 뜻이 있는 **4개의 단어**에 ◯ 하세요.

오늘 "**효녀** 심청"이라는 책을 읽었다.

어린 심청은 눈을 꼭 감고 바다에 뛰어내렸다.

눈이 먼 아버지를 구하겠다는 **희망**을 품고.

바다에 뛰어들 때 심청의 마음은 어땠을까?

바닷속 **용왕**은 심청의 고운 마음씨를 알아보았고,

심청은 **왕관**을 쓴 임금과 결혼해 **왕비**가 되었다.

착한 심청에게서 자랐으니 **왕자**도 효자였겠지?

♥ **교육과정 성취기준 1~2학년군** / 2국05-03
작품 속 인물의 모습, 행동, 마음을 상상하여 시, 노래, 이야기, 그림 등으로 표현한다.

오늘 배운 4개의 단어 이외에
'王(임금 왕)'이 숨어 있는 단어를
생각해 보세요.

3. 주인 주

1 다음 단어들을 큰 **소리로** 읽어 보세요.

주인

주제

주요

주인공

2 모든 단어에
똑같이 들어 있는 글자에 ◯ 하세요.

주제

주요

주인공

공통 글자를 쓰세요.

3 모든 단어 속에
숨어 있는 공통 한자에 ◯ 하세요.

물건을 자기 것으로 가진 사람

主제

중심이 되는 문제

主요

중심이 되고 중요함

主인공

이야기의 **중심**이 되는 사람

모양 | 뜻 | 소리

主 | 주인, 중심 | 주

집의 중심에서 어둠을 밝히는
등잔불의 모양이에요.

④ **한자의 이름을**
따라 쓰세요.

주인 주

주인 주

---

⑤ 단어에 '主(주)'가 숨어 있으면, 그 단어에는 '주인, 중심'의 뜻이 들어 있어요.
다음 단어들을 **한글로** 쓴 다음, 옆의 뜻풀이를 읽고 '**主(주)'의 뜻**에 ○ 하세요.

主人   주인   → (물건을 자기 것으로 가진) 사람

主제   → **중심**이 되는 문제

主요   → **중심**이 되고 중요함

主人공   → 이야기의 **중심**이 되는 사람

6 아래 글을 읽고 '主(주인 주)'가 숨어 있는 단어를 찾아볼까요?
굵게 표시된 6개의 단어 중 '**주인, 중심**'의 뜻이 있는 **4개의 단어**에 ◯ 하세요.

오늘 "도깨비 방망이"라는 책을 읽었다.

이야기의 (주요) 내용은, 서로 다른 **행동**으로

도깨비 방망이를 얻는 **주인공**들의 이야기이다.

착한 사람은 방망이의 **주인**이 되어 **부자**가 됐고

욕심쟁이는 오히려 도깨비에게 혼쭐이 났다.

착하게 살면 복을 얻는다는 **주제**의 이야기였다.

♥ 교육과정 성취기준 1~2학년군 / 2국02-03
글을 읽고 중심 내용을 확인한다.

오늘 배운 4개의 단어 이외에
'主(주인 주)'가 숨어 있는 단어를
생각해 보세요.

심

① 다음 단어들을 **큰 소리로** 읽어 보세요.

욕**심**

진**심**

열**심**

결**심**

2 모든 단어에
똑같이 들어 있는 글자에 ◯ 하세요.

욕**심**

진**심**

열**심**

결**심**

공통 글자를 쓰세요.

3 모든 단어 속에
숨어 있는 공통 한자에 ◯ 하세요.

욕心

지나치게 탐내는 **마음**

진心

거짓이 없는 참된 **마음**

열心

온 정성을 다하는 **마음**

결心

어떻게 하기로 굳게 정한 **마음**

모양	뜻	소리
心	마음	심

사람 몸속에 있는 심장의
모양이에요.

4 한자의 이름을
따라 쓰세요.

마음 심

마음 심

5 단어에 '心(심)'이 숨어 있으면, 그 단어에는 '마음'의 뜻이 들어 있어요.
다음 단어들을 **한글로** 쓴 다음, 옆의 뜻풀이를 읽고 **'心(심)'의 뜻**에 ⭕ 하세요.

욕心	욕심	→	지나치게 탐내는 (마음)
진心		→	거짓이 없는 참된 **마음**
열心		→	온 정성을 다하는 **마음**
결心		→	어떻게 하기로 굳게 정한 **마음**

6 아래 글을 읽고 '心(마음 심)'이 숨어 있는 단어를 찾아볼까요?
굵게 표시된 6개의 단어 중 '**마음**'의 뜻이 있는 **4개의 단어**에 ◯ 하세요.

오늘 학교에서 **시장** 놀이를 했다.

나는 쿠키를 **열심**히 만들어서 가져갔다.

그런데 소희가 누룽지 **사탕**과 바꾸자고 했다.

안 바꾸겠다고 하니 내가 **욕심**쟁이라며 울었다.

다시 생각해 보니, 소희에게 **진심**으로 미안했다.

내일 내가 먼저 소희에게 사과하기로 **결심**했다.

♥ **교육과정 성취기준 1~2학년군** / 2국01-02
바르고 고운 말로 서로의 감정을 나누며 듣고 말한다.

오늘 배운 4개의 단어 이외에
'心(마음 심)'이 숨어 있는 단어를
생각해 보세요.

5. 작을 소

① 다음 단어들을 큰 **소리로** 읽어 보세요.

소고

소품

소심

소인국

2 모든 단어에
똑같이 들어 있는 글자에 ⚪ 하세요.

3 모든 단어 속에
숨어 있는 공통 한자에 ⚪ 하세요.

크기가 **작은** 북

소품

小 품

작은 가구나 장식품

소심

小 심

겁이 많아 쓰임이 **작은** 마음

소인국

小 인국

키가 **작은** 사람들만 살고 있다는 나라

공통 글자를 쓰세요.

(모양) (뜻) (소리)

小 | 작다 | 소

작은 물건들의 모양을 나타냈어요.

4 한자의 이름을 따라 쓰세요.

작을 소

작을 소

5 단어에 '小(소)'가 숨어 있으면, 그 단어에는 '작다'의 뜻이 들어 있어요.
다음 단어들을 **한글로** 쓴 다음, 옆의 뜻풀이를 읽고 '**小(소)**'의 뜻에 ◯ 하세요.

小고	소고	→ 크기가 (작은)북
小품		→ **작은** 가구나 장식품
小心		→ 겁이 많아 씀씀이가 **작은** 마음
小人국		→ 키가 **작은** 사람들만 살고 있다는 나라

6 아래 글을 읽고 '小(작을 소)'가 숨어 있는 단어를 찾아볼까요?
굵게 표시된 6개의 단어 중 '**작다**'의 뜻이 있는 **4개의 단어**에 ◌ 하세요.

바다를 떠돌다가 **소인국**에 가게 된 **거인**

'걸리버'의 이야기를 읽고 연극을 하기로 했다.

나는 **주인공** 걸리버 역할을 하고 싶었다.

그런데 **소심**해서 내가 하고 싶다고 말하지 못했다.

그 대신 걸리버가 등장할 때 필요한 **소고**와

나무, 돌멩이 같은 **소품**을 준비하기로 했다.

♥ **교육과정 성취기준 1~2학년군** / 2즐02-01
내가 참여할 수 있는 문화 예술을 향유한다.

오늘 배운 4개의 단어 이외에
'小(작을 소)'가 숨어 있는 단어를
생각해 보세요.

력

1 다음 단어들을 큰 소리로 읽어 보세요.

강**력**

실**력**

노**력**

초능**력**

2 모든 단어에
똑같이 들어 있는 글자에 ◯ 하세요.

강

실력

노력

초능력

공통 글자를 쓰세요.

3 모든 단어 속에
숨어 있는 공통 한자에 ◯ 하세요.

강

힘이 강함

실力

어떤 일을 해낼 수 있는 **힘**

노力

무엇을 이루기 위해
부지런히 들이는 **힘**

초능力

사람의 능력을 뛰어넘는 신비한 **힘**

力

모양 뜻 소리

力 | 힘 | 력

力

큰 힘을 낼 수 있는 농기구인
쟁기의 모양이에요.

4 한자의 이름을
따라 쓰세요.

힘 력

힘 력

5 단어에 '力(력)'이 숨어 있으면, 그 단어에는 '힘'의 뜻이 들어 있어요.
다음 단어들을 **한글로** 쓴 다음, 옆의 뜻풀이를 읽고 '**力(력)**'의 뜻에 ◯ 하세요.

| 강力 | 강력 | → (힘)이 강함 |

| 실力 | | → 어떤 일을 해낼 수 있는 **힘** |

| 노力 | | → 무엇을 이루기 위해 부지런히 들이는 **힘** |

| 초능力 | | → 사람의 능력을 뛰어넘는 신비한 **힘** |

6 아래 글을 읽고 '力(힘 력)'이 숨어 있는 단어를 찾아볼까요?
굵게 표시된 6개의 단어 중 '**힘**'의 뜻이 있는 **4개의 단어**에 ◯ 하세요.

텔레비전을 보는데 '력'이라는 **글자**가 계속 보였다.

올여름 **강력**한 신인 **가수**가 나왔다고도 하고,

열심히 **노력**해서 요리 **실력**을 키웠다고도 했다.

엄마께 여쭈어보니 '힘'이라는 뜻이라고 하셨다.

한 글자만 보고 단어의 뜻을 어느 정도 알 수 있다니!

내가 무슨 어휘 **초능력**을 가진 것만 같았다.

♥ **교육과정 성취기준 1~2학년군** / 2국05-01
말놀이, 낭송 등을 통해 말의 재미와 즐거움을 느낀다.

오늘 배운 4개의 단어 이외에
'力(힘 력)'이 숨어 있는 단어를
생각해 보세요.

1 다음 단어들을 큰 소리로 읽어 보세요.

문자 ㄱㄴㄷ

문장

문학

감상문

2 모든 단어에
똑같이 들어 있는 글자에 ◯ 하세요.

자

문장

문학

감상**문**

공통 글자를 쓰세요.

3 모든 단어 속에
숨어 있는 공통 한자에 ◯ 하세요.

자

언어를 눈으로 볼 수 있게 나타낸 **글자**

文장

생각이나 느낌을 **글**로 표현하는 단위

文학

생각이나 느낌을 **글**로 표현한 예술

감상**文**

느낀 생각을 적은 **글**

모양	뜻	소리
文	글월,* 글자	문

* 글이나 문장을 뜻해요.

몸에 먹을 새겨 넣은 모양이에요.

4 한자의 이름을 따라 쓰세요.

글월 문

글월 문

5 단어에 '文(문)'이 숨어 있으면, 그 단어에는 '글, 글자'의 뜻이 들어 있어요.
다음 단어들을 **한글로** 쓴 다음, 옆의 뜻풀이를 읽고 '**文(문)**'의 뜻에 ◯ 하세요.

文자	문자	→ 언어를 눈으로 볼 수 있게 나타낸 (글자)
文장		→ 생각이나 느낌을 **글**로 표현하는 단위
文학		→ 생각이나 느낌을 **글**로 표현한 예술
감상文		→ 느낀 생각을 적은 **글**

6 아래 글을 읽고 '文(글월 문)'이 숨어 있는 단어를 찾아볼까요?
굵게 표시된 6개의 단어 중 '글, 글자'의 뜻이 있는 **4개의 단어**에 ○ 하세요.

나는 책 읽는 것을 정말 좋아한다.

특히 동시 같은 **문학** 작품을 많이 읽는다.

동시는 **문장** 하나하나가 가슴을 뭉클하게 한다.

나는 책을 읽고 나면 항상 **감상문**을 쓴다.

책을 읽고 느낀 **생각**을 **문자**로 적으면,

그 글을 읽었을 때의 **감정**이 다시 떠오른다.

♥ 교육과정 성취기준 1~2학년군 / 2국02-05
읽기에 흥미를 가지고 즐겨 읽는 태도를 지닌다.

오늘 배운 4개의 단어 이외에
'文(글월 문)'이 숨어 있는 단어를
생각해 보세요.

거人

[　　　　　] → 몸이 아주 큰 사람

王자

[　　　　　] → 임금 의 아들

主제

[　　　　　] → 중심 이 되는 문제

욕心

[　　　　　] → 지나치게 탐내는 마음

혹시 기억이 나지 않는다면,
앞에서 배운 부분을
다시 한번 찾아보세요.

人　82~85쪽　　　小　98~101쪽
王　86~89쪽　　　力　102~105쪽
主　90~93쪽　　　文　106~109쪽
心　94~97쪽

열心

[　　　　] → 온 정성을 다하는 마음

小품

[　　　　] → [작은] 가구나 장식품

실力

[　　　　] → 어떤 일을 해낼 수 있는 [힘]

文학

→ 생각이나 느낌을

[　　　　]　[글]로 표현한 예술

가족

다음 글자를 보고,
떠오르는 단어를 자유롭게 말해 보세요.

녀

자

촌

부

1. 아버지 부

① 다음 단어들을 **큰 소리로** 읽어 보세요.

부모님

조**부모**

노**부모**

학**부모**

2 모든 단어에
똑같이 들어 있는 글자에 ◯ 하세요.

조**부모**

노**부모**

학**부모**

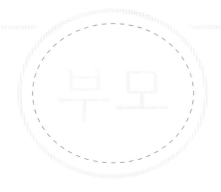

공통 글자를 쓰세요.

3 모든 단어 속에
숨어 있는 공통 한자에 ◯ 하세요.

아버지와 어머니를 높여 이르는 말

조**父母**

아버지나 어머니의 **아버지와 어머니**
[할아버지와 할머니]

노**父母**

늙은 **아버지와 어머니**

학**父母**

학생의 **아버지와 어머니**

모양	뜻	소리		
父	아버지	부		회초리를 든 아버지의 손 모양이에요.
母	어머니	모		아기에게 젖을 물리는 어머니의 모양이에요.

4 한자의 이름을 따라 쓰세요.

아버지 부 아버지 부
어머니 모 어머니 모

5 단어에 '父(부)', '母(모)'가 숨어 있으면, 그 단어에는 '아버지', '어머니'의 뜻이 있어요.
다음 단어들을 **한글로** 쓴 다음, 옆의 뜻풀이를 읽고 '**父母(부모)'의 뜻에** ⭕ 하세요.

父母님 부모님 → ⟨아버지와 어머니⟩를 높여 이르는 말

조父母 [   ] → 아버지나 어머니의 **아버지와 어머니**
[할아버지와 할머니]

노父母 [   ] → 늙은 **아버지와 어머니**

학父母 [   ] → 학생의 **아버지와 어머니**

6 아래 글을 읽고 '父(부)'와 '母(모)'가 숨어 있는 단어를 찾아볼까요?
굵게 표시된 6개의 단어 중 '**아버지와 어머니**'의 뜻이 있는 **4개의 단어**에 ◯ 하세요.

주변에서 **조부모**와 함께 사는 것이 힘들겠다고

엄마에게 가끔 **말씀**하시지만, 엄마는 오히려

노부모를 곁에서 모시니 마음이 놓인다고 하신다.

우리 할아버지와 할머니께서도 무슨 일이든지

엄마와 먼저 **의논**하시고, 나를 잘 챙겨 주신다.

내일 **학부모** 참여 수업에도 바쁘신 **부모님** 대신

할아버지와 할머니께서 함께 와 주신다.

♥ 교육과정 성취기준 1~2학년군 / 2즐01-03
가족이나 주변 사람과 소통하며 어울린다.

오늘 배운 4개의 단어 이외에
'父(아버지 부)'나 '母(어머니 모)'가
숨어 있는 단어를 생각해 보세요.

형제

① 다음 단어들을 큰 소리로 읽어 보세요.

형제

삼 형제

친형제

의형제

2 모든 단어에
똑같이 들어 있는 글자에 ◯ 하세요.

삼 **형제**

친**형제**

의**형제**

공통 글자를 쓰세요.

3 모든 단어 속에
숨어 있는 공통 한자에 ◯ 하세요.

형과 아우

삼 **兄弟**

모두 세 명인 **형과 아우**

친**兄弟**

같은 부모에게서 태어난 **형과 아우**

의**兄弟**

의리로 맺은 **형과 아우**의 관계

兄弟

| 모양 | 뜻 | 소리 |

兄 형

弟 아우
(동생)

**형
제**

먼저 말과 행동을 보여 주는
입[口]과 다리[儿]의
모양을 합했어요.

형제간 순서가 있는 것처럼
차례대로 줄이 감겨 있는
모양이에요.

4 한자의 이름을
따라 쓰세요.

| 형 형 | 형 형 |
| 아우 제 | 아우 제 |

5 단어에 '兄(형)', '弟(제)'가 숨어 있으면, 그 단어에는 '형', '아우'의 뜻이 있어요.
다음 단어들을 **한글로** 쓴 다음, 옆의 뜻풀이를 읽고 **兄弟(형제)'의 뜻**에 ⭕ 하세요.

兄弟 [형제] →  형과 아우

三 兄弟 [　　] → 모두 세 명인 **형과 아우**

친兄弟 [　　] → 같은 부모에게서 태어난 **형과 아우**

의兄弟 [　　] → 의리로 맺은 **형과 아우**의 관계

6 아래 글을 읽고 '兄(형)'과 '弟(제)'가 숨어 있는 단어를 찾아볼까요?
굵게 표시된 6개의 단어 중 '**형과 아우**'의 뜻이 있는 **4개의 단어**에 ◯ 하세요.

우리 옆집에는 **삼 형제**가 살고 있다.

큰형은 **직장인**이고, 두 동생은 **대학생**이다.

형제들 모두 나랑 엄청 잘 놀아 준다.

나는 셋이서 당연히 **친형제**인 줄 알았는데,

자기들은 의리로 맺어진 **의형제**라고 했다.

서로를 위하는 모습이 참 보기 좋았다.

♥ 교육과정 성취기준 1~2학년군 / 2바04-02
다양한 생각이나 의견에 대해 개방적인 태도를 형성한다.

오늘 배운 4개의 단어 이외에
'兄(형 형)'이나 '弟(아우 제)'가 숨어 있는 단어를
생각해 보세요.

남

1 다음 단어들을 큰 **소리로** 읽어 보세요.

미**남**

남편

남녀

남동생

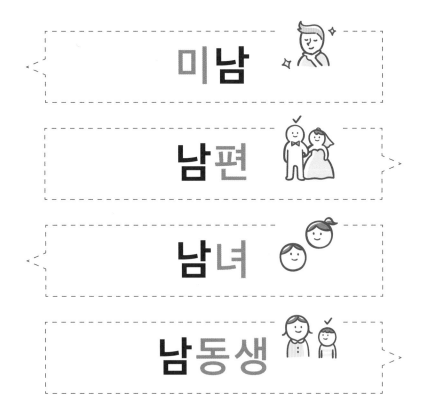

2 모든 단어에
똑같이 들어 있는 글자에 ◯ 하세요.

남편

남녀

남동생

공통 글자를 쓰세요.

3 모든 단어 속에
숨어 있는 공통 한자에 ◯ 하세요.

얼굴이 잘생긴 **남자**

男편

결혼하여 여자의 짝이 된 **남자**

男녀

남자와 여자

男동생

남자 동생

| 모양 | 뜻 | 소리 |

男 | 사내,* 남자 | 남

* '사나이'의 준말이에요.

男

밭[田] 가는 힘[力]을 가진
모양을 합했어요.

4 **한자의 이름을**
따라 쓰세요.

사내 남

사내 남

5 단어에 '男(남)'이 숨어 있으면, 그 단어에는 '남자'의 뜻이 들어 있어요.
다음 단어들을 **한글로** 쓴 다음, 옆의 뜻풀이를 읽고 **'男(남)'의 뜻**에 ◯ 하세요.

| 미**男** | 미남 | → 얼굴이 잘생긴 (남자) |

| **男**편 | | → 결혼하여 여자의 짝이 된 **남자** |

| **男**녀 | | → **남자**와 여자 |

| **男**동생 | | → **남자** 동생 |

6 아래 글을 읽고 '男(사내 남)'이 숨어 있는 단어를 찾아볼까요?
굵게 표시된 6개의 단어 중 '**남자**'의 뜻이 있는 **4개의 단어**에 ◯ 하세요.

이모는 갓난아기 준우와 둘이 지낸다.

이모는 준우가 하늘나라에 있는 **남편**을 닮아

벌써부터 엄청난 **미남**이라고 **자랑**한다.

엄마는 준우가 딸처럼 예쁘게 생겼다고 한다.

나는 **남녀** 구분할 것 없이 준우가 그저 귀엽다.

새 가족, 새 **남동생**이 생겨 기쁘다.

♥ **교육과정 성취기준 1~2학년군** / 2바02-03
차이나 다양성을 서로 존중하면서 생활한다.

오늘 배운 4개의 단어 이외에
'男(사내 남)'이 숨어 있는 단어를
생각해 보세요.

4. 여자 녀

녀

1 다음 단어들을 큰 **소리로** 읽어 보세요.

소녀

미녀

자녀

여동생

2 모든 단어에
똑같이 들어 있는 글자에 ◯ 하세요.

소

미녀

자녀

*여동생

* '녀'를 '여'로 읽기도 해요.

공통 글자를 쓰세요.

3 모든 단어 속에
숨어 있는 공통 한자에 ◯ 하세요.

소

어린 **여자**아이

미**女**

아름다운 **여자**

자**女**

아들과 **딸**

女동생

여자 동생

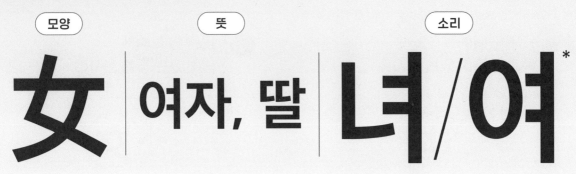

모양	뜻	소리

女 | 여자, 딸 | 녀/여 *

* '녀'가 단어 첫머리에 오면 '여'라고 읽어요.

두 손을 모으고 앉아 있는 모양이에요.

4 한자의 이름을 따라 쓰세요.

여자 녀

여자 녀

---

5 단어에 '女(녀)'가 숨어 있으면, 그 단어에는 '여자, 딸'의 뜻이 들어 있어요.
다음 단어들을 **한글로** 쓴 다음, 옆의 뜻풀이를 읽고 '**女(녀)'의 뜻**에 ○ 하세요.

소女	소녀	→	어린 (여자)아이

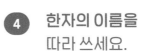

미女		→	아름다운 **여자**

자女		→	아들과 **딸**

女동생		→	**여자** 동생

6 아래 글을 읽고 '女(여자 녀)'가 숨어 있는 단어를 찾아볼까요?
굵게 표시된 6개의 단어 중 '**여자, 딸**'의 뜻이 있는 **4개의 단어**에 ◯ 하세요.

식사 전에 할아버지와 할머니를 모셔 오는 것이

나의 **역할**이다. 다 함께 둘러앉아 밥을 먹으며

유명 가수가 **자녀**를 소개하는 방송을 봤다.

미녀 가수가 나오자 우리 집에서 웃음을

담당하는 **여동생**이 일어나 춤을 추며 따라 했다.

아기 같은 **소녀**가 어른인 척 하는 게 귀여웠다.

♥ 교육과정 성취기준 1~2학년군 / 2즐02-02
우리나라의 문화 예술을 즐긴다.

오늘 배운 4개의 단어 이외에
'女(여자 녀)'가 숨어 있는 단어를
생각해 보세요.

자

1 다음 단어들을 큰 소리로 읽어 보세요.

부**자**

모**자**

효**자**

손**자**

2 모든 단어에
똑같이 들어 있는 글자에 ⭕ 하세요.

3 모든 단어 속에
숨어 있는 공통 한자에 ⭕ 하세요.

부

부

아버지와 **아들**

모**자**

모**子**

어머니와 **아들**

효**자**

효**子**

부모를 잘 섬기는 **아들**

손**자**

손**子**

자녀의 **아들**

공통 글자를 쓰세요.

모양 · 뜻 · 소리

子 | 아들 | 자

갓난아이의 모양이에요.

4 한자의 이름을 따라 쓰세요.

아들 자

아들 자

---

5 단어에 '子(자)'가 숨어 있으면, 그 단어에는 '아들'의 뜻이 들어 있어요.
다음 단어들을 **한글로** 쓴 다음, 옆의 뜻풀이를 읽고 **'子(자)'의 뜻에** ○ 하세요.

父子	부자	→ 아버지와 (아들)
母子		→ 어머니와 **아들**
孝子		→ 부모를 잘 섬기는 **아들**
孫子		→ 자녀의 **아들**

6 아래 글을 읽고 '子(아들 자)'가 숨어 있는 단어를 찾아볼까요?
굵게 표시된 6개의 단어 중 **'아들'의 뜻이 있는 4개의 단어에** ◯ 하세요.

이웃들은 할머니와 아빠가 매일 다정하게 **산책**

하시는 모습을 보고, 참 행복한 **모자**라고 한다.

할머니는 아빠에게 항상, **효자**인 것도 좋지만

손자들에게 좋은 아빠가 되라고 말씀하신다.

나도 아빠와 서로 위해 주는 **부자** 사이가 되도록

아빠에게 좋은 아들이 되고 싶다.

♥ **교육과정 성취기준 1~2학년군** / 2바01-03
가족이나 주변 사람을 배려하며 관계를 맺는다.

오늘 배운 4개의 단어 이외에
'子(아들 자)'가 숨어 있는 단어를
생각해 보세요.

촌

1 다음 단어들을 **큰 소리로** 읽어 보세요.

삼촌

나 아빠 삼촌

외삼촌

나 엄마 외삼촌

사촌 동생

나 외삼촌 사촌 동생

이웃사촌

2 모든 단어에
똑같이 들어 있는 글자에 ◯ 하세요.

3 모든 단어 속에
숨어 있는 공통 한자에 ◯ 하세요.

부모의 남자 형제
[3촌: 1촌(나-부모)+2촌(부모-형제)]

외삼**촌**

외삼寸

어머니의 남자 형제
[3촌: 1촌(나-엄마)+2촌(엄마-형제)]

사**촌** 동생

사寸 동생

부모의 형제에게서 태어난 동생
[4촌: 3촌(나-삼촌)+1촌(삼촌-자녀)]

이웃사**촌**

이웃사寸

사촌 형제와 같이 가까운 이웃

공통 글자를 쓰세요.

(모양) (뜻) (소리)

寸 | 마디, 촌수* | 촌

* 친척 사이의 멀고 가까운 정도를 나타내는 수예요.
부모 자녀 간은 1촌, 형제간은 2촌이에요.

4 한자의 이름을
따라 쓰세요.

마디 촌

마디 촌

손끝에서 맥박이 뛰는 곳까지의
모양을 나타냈어요.

5 단어에 '寸(촌)'이 숨어 있으면, 그 단어에는 '촌수'의 뜻이 들어 있어요.
다음 단어들을 **한글로** 쓴 다음, 옆의 뜻풀이를 읽고 '寸(촌)'의 뜻에 ◯ 하세요.

三寸	삼촌	→	부모의 남자 형제 [3촌: 1촌(나-부모)+2촌(부모-형제)]
외三寸		→	어머니의 남자 형제 [3촌: 1촌(나-엄마)+2촌(엄마-형제)]
四寸 동생		→	부모의 형제에게서 태어난 동생 [4촌: 3촌(나-삼촌)+1촌(삼촌-자녀)]
이웃四寸		→	사촌 형제와 같이 가까운 이웃

6 아래 글을 읽고 '寸(마디 촌)'이 숨어 있는 단어를 찾아볼까요?
굵게 표시된 6개의 단어 중 '**촌수**'의 뜻이 있는 **4개의 단어**에 ○ 하세요.

이번 주말에 마당에서 고기 파티를 하기로 했다.

사촌 동생 준우도 이모와 함께 오고,

우진 **삼촌**과 현석 **외삼촌**도 오신다.

그리고 옆집의 **이웃사촌** 삼 형제도 초대했다.

사람들이 모이면 내가 **기자**처럼 인터뷰를 해서

우리 가족 주말 **신문**을 만들어 봐야지!

♥ 교육과정 성취기준 1~2학년군 / 2바04-03
여럿이 하는 활동에 관심을 갖고 자발적으로 협력한다.

오늘 배운 4개의 단어 이외에
'寸(마디 촌)'이 숨어 있는 단어를
생각해 보세요.

부

1 다음 단어들을 큰 **소리로** 읽어 보세요.

고모**부**

이모**부**

어**부**

농**부**

2 모든 단어에
똑같이 들어 있는 글자에 ⭕ 하세요.

이모**부**

어**부**

농**부**

공통 글자를 쓰세요.

3 모든 단어 속에
숨어 있는 공통 한자에 ⭕ 하세요.

고모의 **남편**

이모**夫**

이모의 **남편**

어**夫**

물고기 잡는 **일을 하는 사람**

농**夫**

농사짓는 **일을 하는 사람**

모양	뜻	소리
夫	**남편, 일을 하는 사람**	**부**

머리를 올린 성인 남자의 모양이에요.

4 한자의 이름을 따라 쓰세요.

남편 부

남편 부

---

5 단어에 '夫(부)'가 숨어 있으면, 그 단어에는 '남편, 일을 하는 사람'의 뜻이 들어 있어요. 다음 단어들을 **한글로** 쓴 다음, 옆의 뜻풀이를 읽고 **'夫(부)'의 뜻에** ○ 하세요.

고母夫　　고모부　　→　고모의 남편

이母夫　　　　　　→　이모의 남편

어夫　　　　　　→　물고기 잡는 일을 하는 사람

농夫　　　　　　→　농사짓는 일을 하는 사람

6 아래 글을 읽고 '夫(남편 부)'가 숨어 있는 단어를 찾아볼까요? 굵게 표시된
6개의 단어 중 '**남편, 일을 하는 사람**'의 뜻이 있는 **4개의 단어**에 ◯ 하세요.

우리 가족은 매년 빠짐없이 가는 곳이 있다.

가을에는 **농부**이신 **이모부** 일을 도우러 가고,

여름에는 **고모**네를 뵈러 부산으로 간다.

덕분에 우리 집에는 이모네에서 가져온 쌀과

어부이신 **고모부**가 주신 생선이 가득하다.

우리 아빠와 모두 **의형제**처럼 정답게 지내신다.

♥ 교육과정 성취기준 1~2학년군 / 2슬03-02
계절과 생활의 관계를 탐구한다.

오늘 배운 4개의 단어 이외에
'夫(남편 부)'가 숨어 있는 단어를
생각해 보세요.

어휘력 점검하기 4

가족 1과~7과

다음 단어들을 한글로 쓰고,
옆의 뜻풀이 중 그 한자의 뜻을 따라 쓰세요.

학父母

→ 학생의

[   ] · 아버지와 어머니

친兄弟

→ 같은 부모에게서 태어난

[   ] 형과 아우

男동생

[   ] → 남자 동생

소女

[   ] → 어린 여자 아이

혹시 기억이 나지 않는다면,
앞에서 배운 부분을
다시 한번 찾아보세요.

父母 114~117쪽   子 130~133쪽
兄弟 118~121쪽   寸 134~137쪽
男 122~125쪽   夫 138~141쪽
女 126~129쪽

효子

[ ] → 부모를 잘 섬기는

삼寸

[ ] → 부모의 남자 형제

[3 : 1촌(나-부모)+2촌(부모-형제)]

고모夫

[ ] → 고모의

농夫

[ ] → 농사짓는

한자 색인

음으로 찾기 (35字)

초등 국어

교과서 속 한자로 어휘력을 키우는
공부력 향상 프로그램

한자가
어휘력
이 다

정답 다운로드

정답 | 1

교육 R&D에 앞서가는
Key 키출판사

초 등 국 어

한자가
어휘력
이 1단계 다
정 답

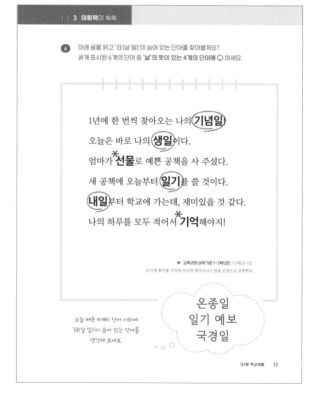

＊선물(膳物): 남에게 어떤 물건 따위를 선사함. 또는 그 물건.

＊기억(記憶): 이전의 인상이나 경험을 의식 속에 간직하거나 도로 생각해 냄.

＊ 교장(校長): 대학이나 학원을 제외한 각급 학교의 으뜸 직위. 또는 그 직위에 있는 사람.

＊ 사진(寫眞): 사진기로 찍어 종이나 컴퓨터 등에 나타낸 영상.

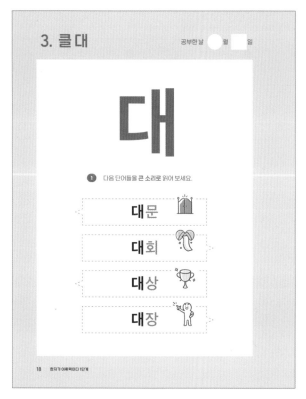

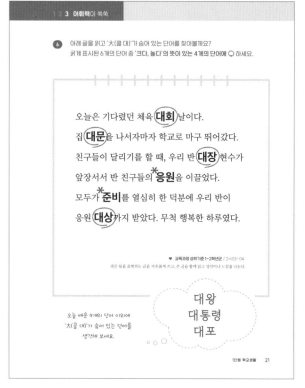

* **응원(應援)**: 운동 경기 따위에서, 선수들이 힘을 낼 수 있도록 도와주는 일.

* **준비(準備)**: 미리 마련하여 갖춤.

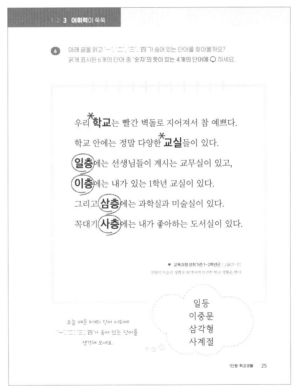

* 학교(學校): 교사가 학생을 가르치는 기관.

* 교실(敎室): 학습 활동이 이루어지는 방.

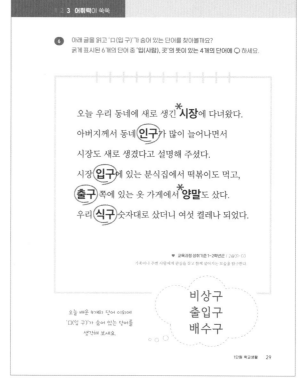

* **시장(市場):** 여러 가지 상품을 사고파는 일정한 장소.

* **양말(洋襪/洋韈):** 실이나 천으로 만들어 발에 신는 물건.

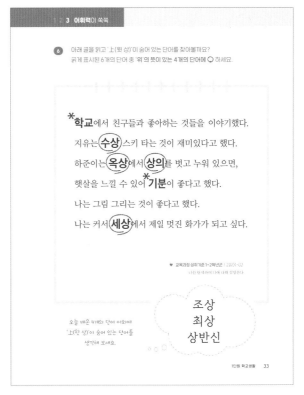

* **학교(學校)**: 교사가 학생을 가르치는 기관.

* **기분(氣分)**: 불쾌, 유쾌, 우울, 분노 등의 감정 상태.

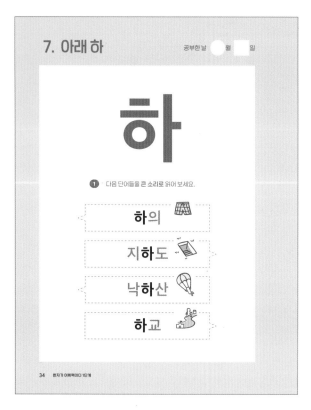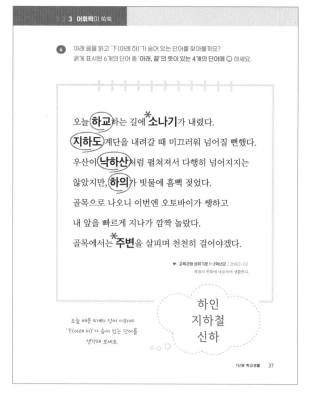

* **소나기**: 갑자기 세차게 쏟아지다가 곧 그치는 비.

* **주변(周邊)**: 어떤 대상을 싸고 있는 둘레. 또는 가까운 범위 안.

* **붕대(繃帶)**: 다친 데에 감는 소독한 헝겊.

* **신발**: 땅을 딛고 서거나 걸을 때 발에 신는 물건.

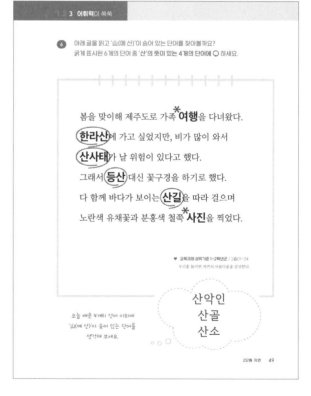

* **여행(旅行)**: 집을 떠나 다른 지역이나 외국을 두루 구경하며 다니는 일.

* **사진(寫眞)**: 사진기로 찍어 종이나 컴퓨터 등에 나타낸 영상.

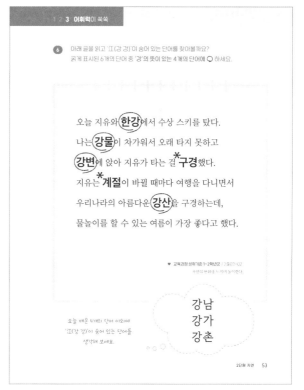

* 구경: 흥미나 관심을 가지고 봄.

* 계절(季節): 자연 현상에 따라서 일 년을 봄, 여름, 가을, 겨울로 구분한 것.

* **종류(種類)**: 어떤 기준에 따라 여러 가지로 나눈 갈래.

* **물건(物件)**: 일정한 모양을 갖춘 어떤 물질.

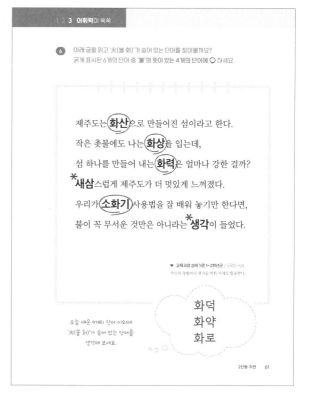

* **새삼**: 이전의 느낌이나 감정이 다시금 새롭게.

* **생각**: 사람이 머리를 써서 판단하거나 인식하는 것.

* 입구(入口): 들어가는 통로.

* 주인(主人): 대상이나 물건 따위를 소유한 사람.

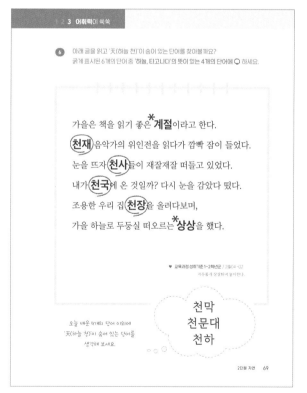

*계절(季節): 자연 현상에 따라서 일 년을 봄, 여름, 가을, 겨울로 구분한 것.

*상상(想像): 실제로 일어나지 않은 것에 대하여 마음속으로 그려 봄.

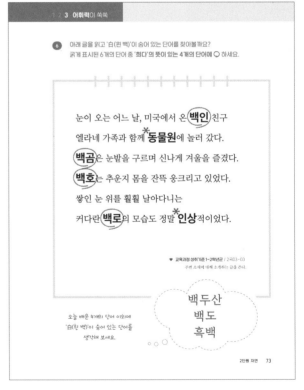

* **동물원(動物園)**: 여러 동물들을 가두어 기르면서 사람들이 구경할 수 있도록 해 놓은 곳.

* **인상(印象)**: 어떤 대상에 대하여 마음속에 새겨지는 느낌.

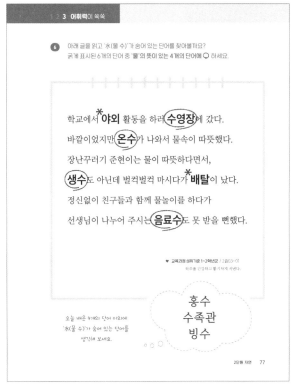

* **야외(野外)**: 집이나 건물의 밖.

* **배탈(배頃)**: 먹은 음식이 체하거나 설사를 하거나 배가 아프거나 하는 병.

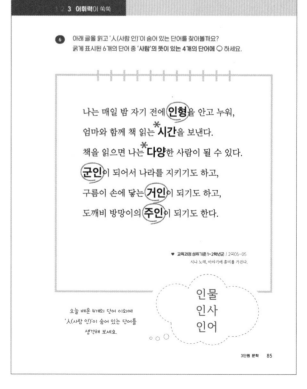

* **시간(時間):** 어떤 때에서 다른 때까지의 사이.

* **다양(多樣):** 여러 가지 모양.

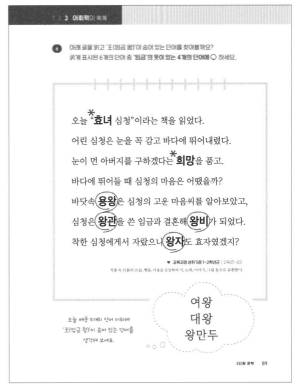

* **효녀(孝女)**: 부모를 잘 섬기는 딸.

* **희망(希望)**: 어떤 일을 이루거나 하기를 바람.

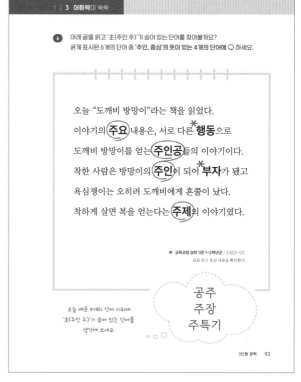

* **행동(行動)**: 몸을 움직여 어떤 일을 함.

* **부자(富者)**: 재산이 많아 살림이 넉넉한 사람.

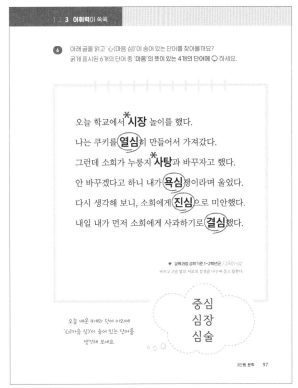

* **시장(市場)**: 여러 가지 상품을 사고파는 일정한 장소.

* **사탕(沙糖▽/砂糖▽)**: 설탕이나 엿을 끓였다가 식혀서 여러 가지 모양으로 굳힌 과자.

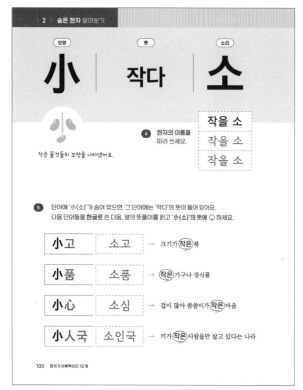

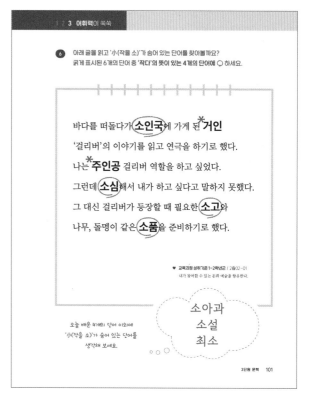

* **거인(巨人):** 몸이 아주 큰 사람.

* **주인공(主人公):** 연극, 영화, 소설 따위에서 사건의 중심이 되는 사람.

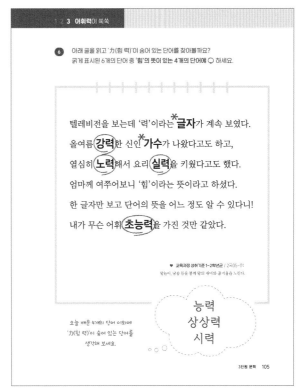

* **글자(글字)**: 말을 적는 일정한 체계의 부호.

* **가수(歌手)**: 노래 부르는 것이 직업인 사람.

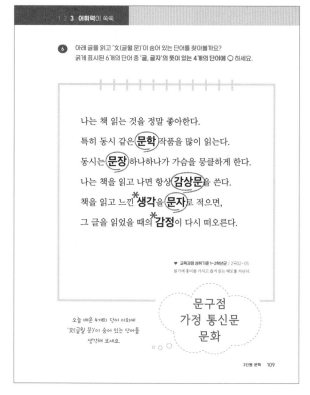

* **생각**: 사람이 머리를 써서 판단하거나 인식하는 것.

* **감정(感情)**: 어떤 일에 대하여 일어나는 마음이나 느끼는 기분.

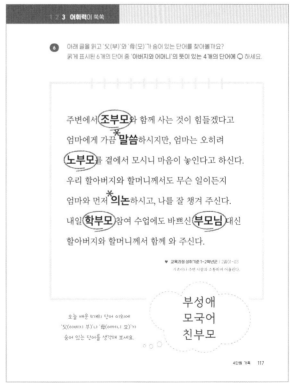

* **말씀**: 남의 말을 높여 이르는 말.

* **의논(議論)**: 어떤 일에 대하여 서로 의견을 주고받음.

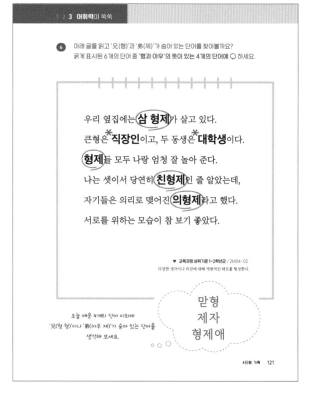

* **직장인(職場人):** 규칙적으로 직장에 다니는 사람

* **대학생(大學生):** 대학교에 다니는 학생.

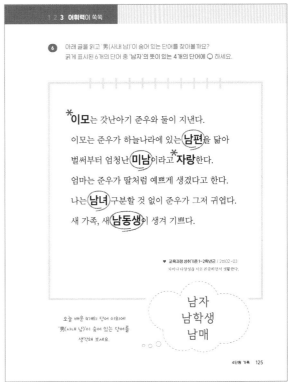

* **이모(姨母)**: 어머니의 여자 형제를 이르거나 부르는 말.

* **자랑**: 자기가 남에게 칭찬 받을 만함을 드러내어 말하거나 뽐냄.

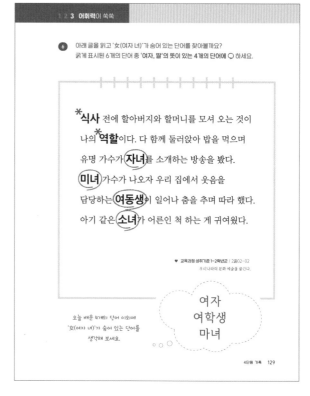

* **식사(食事)**: 끼니로 음식을 먹음. 또는 그 음식.
* **역할(役割)**: 맡은 일 또는 해야 하는 일.

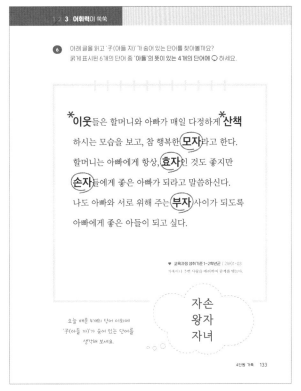

* **이웃**: 가까이 사는 집. 또는 그런 사람.

* **산책(散策)**: 휴식을 취하거나 건강을 위해서 천천히 걷는 일.

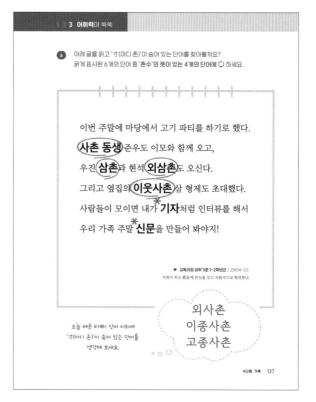

* **기자(記者)**: 신문, 잡지, 방송 등에 실을 기사를 쓰거나 편집하는 사람.

* **신문(新聞)**: 정기적으로 세상에서 일어나는 새로운 일들을 알려 주는 인쇄물.

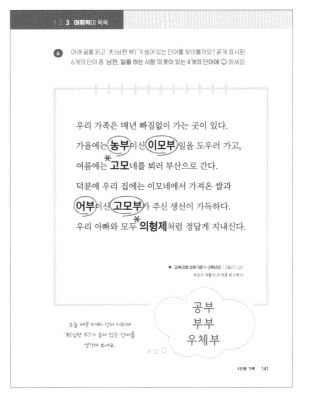

* **고모(姑母):** 아버지의 여자 형제를 이르거나 부르는 말.

* **의형제(義兄弟):** 남남인 사람들끼리 의로 맺은 형제.

생日
생일

인口
인구

신入생
신입생

옥上
옥상

大상
대상

지下도
지하도

二층
이층

교門
교문

등山
등산

土기
토기

江물
강물

天재
천재

木발
목발

白곰
백곰

소火기
소화기

온水
온수

거人
거인

열心
열심

王자
왕자

小품
소품

主제
주제

실力
실력

욕心
욕심

文학
문학

학父母
학부모

효子
효자

친兄弟
친형제

삼寸
삼촌

男동생
남동생

고모夫
고모부

소女
소녀

농夫
농부

이 책에서 배운 한자를 연상해 보세요!

日 날 일	入 들 입	大 클 대	一 한 일	二 두 이
三 석 삼	四 넉 사	口 입 구	上 윗 상	下 아래 하
門 문 문	山 메 산	江 강 강	木 나무 목	火 불 화
土 흙 토	天 하늘 천	白 흰 백	水 물 수	人 사람 인
王 임금 왕	主 주인 주	心 마음 심	小 작을 소	力 힘 력
文 글월 문	父 아버지 부	母 어머니 모	兄 형 형	弟 아우 제
男 사내 남	女 여자 녀	子 아들 자	寸 마디 촌	夫 남편 부